9 AVRIL 1883 PN

1

COLLECTION

DE FEU

M. BEURDELEY PÈRE

PREMIÈRE VENTE

OBJETS D'ART

ET DE

HAUTE CURIOSITÉ

Exemplaire d'A. Beurdeley
avec annotations complémentaires
d'après les exemplaires de H. Stettiner

IMPRIMERIE PILLET ET DUMOULIN
RUE DES GRANDS-AUGUSTINS, 5, A PARIS

CATALOGUE

DES

OBJETS D'ART

ET DE

HAUTE CURIOSITÉ

Faïences italiennes; Terres émaillées de Lucca Della Robbia
Émaux de Limoges; Lampe arabe en verre émaillé;
Armes et Fers des XVIe et XVIIe siècles; Manuscrits; Bijoux en or émaillé;
Cristaux de roche; Orfèvrerie; Bustes en Porphyre oriental rouge;
Colonnes en granit rose oriental;
Sculptures en marbre, en bois et en ivoire des XVe, XVIe et XVIIe siècles;
Bronzes d'art du XVIe siècle; Beau Cabinet en ébène sculpté.

Dépendant de la Collection de feu M. BEURDELEY père

ET DONT LA VENTE AURA LIEU

HOTEL DROUOT, SALLE N° 8

Les Lundi 9 et Mardi 10 Avril 1883,

A DEUX HEURES.

COMMISSAIRE-PRISEUR

Mᵉ PAUL CHEVALLIER, Succʳ de Mᵉ CHARLES PILLET

10, rue de la Grange-Batelière, 10

EXPERT

M. CHARLES MANNHEIM, 7, rue Saint-Georges,

Chez lesquels se trouve le présent Catalogue.

EXPOSITIONS

PARTICULIÈRE	PUBLIQUE
Le Samedi 7 Avril 1883	*Le Dimanche 8 Avril 1883*
De 1 heure à 5 heures	De 1 heure à 5 heures

CONDITIONS DE LA VENTE

Elle sera faite au comptant.

Les adjudicataires payeront cinq pour cent en sus des enchères.

L'Exposition mettant le public à même de se rendre compte de l'état des objets, il ne sera admis aucune réclamation une fois l'adjudication prononcée.

ORDRE DES VACATIONS

Le Lundi 9 Avril 1883.

Faïences italiennes, hispano-mauresques, de Perse, de Palissy et du Pré d'Auge; grès de Flandres; verrerie; émaux champlevés; émaux de Limoges; armes et fers. 1 à 150

Le Mardi 10 Avril 1883.

Armes orientales et cuivres persans; manuscrits; objets variés; bijoux; matières précieuses; orfèvrerie; marbres; porphyres, granits; sculptures en bois et en ivoire; bronzes d'art; meubles... .... 151 à 185

N. B. — L'ordre numérique ne sera pas suivi.

Paris. — Typ. Pillet et Dumoulin, 5, rue des Grands-Augustins.

DÉSIGNATION

FAIENCES ITALIENNES

FABRIQUE DE GUBBIO

1 — Coupe ronde sur pied bas à feuillages, animaux et ornements en relief. Décor à reflets métalliques mordorés, bleu nacré et rouge rubis rehaussé de bleu sur fond blanc. Au fond, animal fantastique reposant sur une sorte de table à consoles, oiseau et feuillages; au pourtour, décor rayonnant à larges feuilles et branches de fruits. Gubbio. Premier quart du XVIe siècle.

Diam., 0,26.

2 — Vase à panse ovoïde et à gorge garnie de deux petites anses en S et monté sur piédouche. Décor à reflets métalliques mordorés et bleu nacré composé de fleurs arabesques rehaussées de bleu sur fond

blanc et à double médaillon, bustes de jeunes hommes de profil se détachant sur un fond jaune d'ocre. Gubbio. XVIe siècle.

Haut., 0.28; diam., 0.19.

3 — PETITE COUPE ronde gaufrée à damier et à décor à reflets mordorés rehaussé de bleu. Gubbio. XVIe siècle.

Diam., 0.18.

4 — PETITE COUPE ronde à décor en relief et à reflets métalliques rouge rubis et mordoré rehaussé de bleu. Au centre, paysan debout; au pourtour, feuilles et ornements variés. Gubbio. XVIe siècle.

Diam., 0.19.

5 — PETITE COUPE d'accouchée de forme hémisphérique à décor à reflets métalliques rouge rubis et mordorés rehaussé de bleu. A l'intérieur, deux mains enlacées surmontées d'un cœur traversé par une flèche; à l'extérieur, ornements feuillagés et date de 1538. Gubbio.

Haut., 0.70; diam , 0.18.

FABRIQUE D'URBINO

6 — PLAT rond représentant le sujet de Hero et Léandre, composition de dix figures dans un paysage avec monuments et cours d'eau. Il porte

au revers l'indication du sujet, la date de *1542* et le sigle de *Fra Xanto da Rovigo*. Urbino.

Diam., 0,28.

7 — Plat rond attribué à *Fra Xanto* et représentant un sujet ayant trait à la conquête de la Toison d'or. Un écusson armorié est appendu à un arbre. Urbino, xvie siècle.

Diam., 0,295.

8 — Coupe ronde sur pied bas. Décor polychrome. Neptune domptant un cheval; fond de paysage avec vue de ville à droite et armoiries appendues à un arbre. Urbino, xvie siècle.

Diam., 0,267.

9 — Petit plat creux forme *cuppa amatoria*. Décor polychrome représentant un paysage avec vue de ville au fond: au premier plan, fauconnier accompagné de trois chiens; dans le haut, cartouche orné de trois mascarons et renfermant des armoiries. Urbino, xvie siècle.

Diam., 0,232.

10 — Coupe ronde à bord légèrement évasé et pied bas. Décor polychrome représentant un sujet tiré de l'histoire de Joseph. Urbino, xvie siècle.

Diam., 0,25[illegible].

11 — Coupe ronde repoussée à bossages offrant à son centre une figure de femme vue à mi-corps et au pourtour des compartiments en spirale décorés de rinceaux feuillagés peints en camaïeu bleu sur fond bleu et jaune d'ocre alternant. Urbino. xvie siècle.

Diam., 0.24.

12 — Coupe ronde sur piédouche offrant au fond le sujet des Bretons subjugués et au pourtour ainsi qu'à l'extérieur et sur le piédouche des grotesques sur fond blanc.

On lit au revers : Da capo vinta arrendesi inghiltera. Urbino. xvie siècle.

Haut., 0.087 ; diam., 0.240.

13 — Coupe analogue à celle qui précède et pouvant lui servir de pendant. On lit au revers de celle-ci : Sottomettonsi a cesare i merapi. Urbino. xvie siècle.

Haut., 0.087 ; diam., 0.240.

14 — Écritoire de forme oblongue et rectangulaire ornée de griffes de lion et d'ornements saillants et émaillé bleu aux angles. Le pourtour est décoré de trophées d'armes en camaïeu bleu rehaussé de jaune sur fond jaune d'ocre. Le bord plat porte l'inscription suivante : *Virga Tva et Bachvlvs Tvvs ipsa mea consvlata svnt virtvs.*

Haut., 0.078 ; long., 0.185 ; larg., 0.145.

15 — Belle coupe ronde sur pied bas. Alexandre faisant placer les œuvres d'Homère dans le tombeau de Darius. Belle composition de dix-sept figures d'après Marc-Antoine. Urbino. XVIe siècle.

Diam., 0.2[illegible].

16 — Plat rond peint par *Fra Xanto da Rovigo*. Le tyran Dyonis menacé de l'épée de Damoclès. Au revers, la date de 1540, l'indication du sujet et le sigle de l'artiste. Urbino. XVIe siècle.

Diam., 0.275.

17 — Coupe ronde à bord légèrement évasé. L'Amour et Psyché dans un paysage et accompagnés de deux suivants. Au revers, l'indication du sujet. Urbino. XVIe siècle.

Diam., 0.270.

18 — Vase ovoïde et à col oblong supporté par deux aigles en ronde bosse et relié à la panse du vase par deux anses têtes fantastiques. Décor polychrome à grotesques sur fond blanc et mascarons et têtes de chérubins en relief. Urbino. Fin XVIe siècle.

Haut., 0.340.

19 — Plat rond. La chaste Suzanne surprise au bain par les vieillards. Au revers, l'indication du sujet. Urbino. XVIe siècle.

Diam., 0.270.

20 — Coupe ronde sur pied bas. Buste de femme de trois quarts à gauche se détachant en couleurs sur fond bleu. On lit sur une banderole : *Sïlea Bella*. Urbino. xvie siècle.

Diam., 0,215.

21 — Plateau rond sur pied bas. Au centre, figure allégorique en grisaille sur fond noir. Au pourtour, grotesques sur fond blanc. Urbino. xvie siècle.

Diam., 0,25.

22 — Petit plat rond. Au centre, amour assis, se détachant en couleurs sur fond bleu ; au pourtour, grotesques sur fond blanc ; au-dessus de la figure principale est représenté un foyer portant au dessous la devise : *Ardet Æternum*. Urbino. xvie siècle.

Diam., 0,23.

23 — Coupe ronde repoussée à bossages, décor polychrome. Au centre, un amour sur fond jaune ; au pourtour, rinceaux et feuilles sur fond de nuances variées. Urbino. xvie siècle.

Diam., 0,28.

24 — Coupe analogue à celle qui précède, mais plus petite.

Diam., 0,23.

25 — Grand et beau Plat rond. — Décor polychrome. — Au fond, grand écusson armorié sur fond bleu portant les lettres I. C. Au pourtour, à la chute du plat et au marli, grotesques sur fond blanc de style raphaëlesque et médaillons camées. Urbino, XVIe siècle.

Diam., 0.44.

26 — Plat rond analogue à celui qui précède, mais moins soigné de décor.

Diam., 0.45.

27 — Plat et buire de même décor que les plats qui précèdent. La buire, de forme antique à panse ovoïde a son anse rattachée à la panse à l'aide d'un mascaron saillant. Urbino, XVIe siècle.

Diam. du plat, 0.43; haut. de la buire, 0.28.

28 — Vase à panse sphérique, à col évasé et à deux anses mufles de lion. Décor polychrome. Il offre sur chacune de ses faces la figure d'Apollon debout pinçant de la lyre accompagné de quelques muses et placé au milieu d'un paysage accidenté. Dans le haut, un écusson armorié, flanqué de deux cariatides ailées et deux fois répété. Urbino, XVIe siècle.

Haut. 0.37; diam., 0.31.

29 — Coupe ronde sur pied bas, décor polychrome.

Elle représente le sujet de la rencontre d'Alexandre et de Diogène. Urbino. XVIe siècle.

Diam., 0.27.

30 — PETITE COUPE ronde attrape, dont le bord est fermé d'un bourrelet garni de quatre petits goulots droits et d'un rang de trous placés au-dessous dudit bourrelet. Une ouverture placée au fond de la coupe et correspondant avec les goulots du bord permet de boire sans pencher la pièce et sans laisser passer le liquide par les ouvertures réservées au pourtour.

Elle est décorée à l'intérieur d'un groupe de deux personnages près d'un tonneau, et à l'extérieur d'un paysage et de monuments. Urbino. XVIe siècle.

Haut., 0.06; diam., 0.20.

31 — GRANDE COUPE ronde à bords évasés, décorée de grotesques sur fond blanc et portant des écussons armoriés d'un cardinal. Urbino. Époque des Patanazzi.

Haut., 0.27; diam., 0.53.

32 — COUPE ronde à deux anses à enroulements et mascarons, décor polychrome. Au fond, groupe de deux figures. Au bord et à l'extérieur, grotesques sur fond blanc. Le couvercle est également décoré de grotesques à l'extérieur, et d'oiseaux voltigeant à l'intérieur. Urbino. XVIe siècle.

Haut. totale, 0.20; diam. 0.22.

FABRIQUE DE PESARO

33 — Plat rond, décor polychrome. — Au fond. deux personnages en buste, se détachant sur fond bleu. Au marli, imbrications et palmettes. Pesaro. xvie siècle.

Diam., 0.42.

34 — Plat rond, décor à reflets métalliques mordorés rehaussé de bleu. — Au fond, un sujet de chasse; au marli, imbrication, palmettes et ornements. Pesaro. xvie siècle.

Diam., 0.40.

35 — Plat rond, décor polychrome. Au fond, figure équestre de guerrier au galop passant à gauche, armé d'une lance et d'un écu armorié. Palmettes ornées au marli sur fond blanc et jaune d'ocre alternés. Pesaro. xvie siècle.

Diam., 0.41.

36 — Plat rond, décor polychrome. Au fond. écusson fleurdelisé surmonté d'un chapeau de cardinal. Au marli, imbrications et ornements. Pesaro. xvie siècle.

Diam., 0.35.

37 — Vase en forme de pomme de pin sur piédouche

décoré en vert, bleu et rouge sur fond blanc. Pesaro. XVIe siècle.

Haut., 0.22.

38 — Plat rond, décor polychrome. Au fond, buste de vieillard coiffé d'un turban sur fond bleu. Au marli, entrelacs losangés sur fond noir. Pesaro. XVIe siècle. restauré

Diam., 0.00.

FABRIQUE DE DERUTA

39 — Belle coupe ronde sur pied bas représentant en bas-relief le sujet de la Crèche, à décor à reflets métalliques rouges et mordorés avec rehauts de bleu. Deruta. XVIe siècle. restauré

Diam., 0.285.

40 — Vase à panse sphérique sur piédouche et à gorge garnie de deux anses en S. Décor à reflets métalliques mordorés et bleu nacré rehaussé de bleu. Le piédouche et le culot présentent des faux godrons ainsi qu'une couronne de fleurs. La gorge est décorée de deux médaillons ovales renfermant chacun un buste de femme de profil à gauche et les entre-deux sont occupés par des palmettes et des rinceaux. Deruta. XVIe siècle.

Haut., 0.27; diam., 0.21.

41 — Plat rond à ombilic, à décor à reflets métalliques bleu nacré et mordoré rehaussé de bleu. Au centre de l'ombilic, deux mains enlacées surmontées d'une couronne, et l'inscription suivante au-dessous : LAVS-DEO. Au pourtour, branches de fleurs avec feuilles formant des quadrillages. Sur le marli, une couronne d'ornements. Deruta xvie siècle.

Diam., 0.315.

FABRIQUE DE FAENZA

42 — Petit plat rond et creux. Au fond, écusson armorié sur fond bleuté. Au marli, rinceaux, têtes de chérubins, et daté de 1534, en camaïeu bleu sur fond bleu foncé. Faënza.

Diam., 0.246.

FABRIQUE DE FORLI

43 — Deux buires à panse sphérique, col trilobé et à anse. Décor d'ornements émaillés blanc sur fond bleu et écusson armorié sur la face. Forli. xvie siècle. réparé

Haut., 0.32.

44 — Gargoulette à panse sphérique aplatie et long col droit, décorée d'ornements et de vases de fleurs (Musée de Sèvres)

émaillés sur fond brun clair. Monteluppo. XVIe siècle.

Haut., 0 785.

FABRIQUE DE CASTEL DURANTE

45 — PETIT PLAT rond et creux, forme dite *cuppa amatoria*. Décor en grisaille sur fond gros bleu. Au fond, tête de guerrier casqué de profil à gauche. Au marli, coupes de fruits supportées par des mascarons ailés et têtes de dragons donnant naissance à des fleurs arabesques et à des rinceaux feuillagés. La chute du plat est réservée en blanc. Castel-Durante, XVIe siècle.

Diam., 0.23.

46 — PLAT analogue à celui qui précède et pouvant lui servir de pendant. Celui-ci présente au fond un buste de jeune homme de profil à gauche; au marli, des dauphins supportent une corbeille de fruits, des trophées d'armes, des dragons ailés et une tête de chérubin. La chute est décorée de fleurs arabesques par le procédé dit « *bianco sopra bianco* ». Castel-Durante, XVIe siècle. fêlé

Diam., 0.245.

47 — COUPE ronde sur pied bas. Décor en grisaille sur fond bleu dans le goût des décors de Gubbio. Dragons ailés dont les corps se terminent par des rin-

ceaux encadrant à leur partie supérieure une tête de chérubin. Castel-Durante, XVIe siècle.

Diam., 0.22.

48 — PLAT rond. Au fond, amour dans l'attitude de la course, se détachant en couleurs sur fond jaune. Le marli est décoré de trophées d'armes en camaïeu bleu sur fond bleu et porte la date de 1573. Castel-Durante.

Diam., 0.24.

TERRE ÉMAILLÉE

DE LUCCA DELLA ROBBIA

49 — HAUT-RELIEF en terre émaillée, par LUCCA DELLA ROBBIA. Cintré à sa partie supérieure et encadré d'un tore de feuillages, il représente la Vierge assise et drapée, grandeur nature, présentant le sein à l'enfant Jésus assis sur son genou droit. Dans le haut se voit le Saint-Esprit, au-dessous deux anges ailés soutiennent une couronne au-dessus de la tête de la Vierge. Les figures sont émaillées blanc et se détachent sur un fond émaillé bleu. Les nimbes et la couronne sont teintés de jaune d'or.

Haut., 1.60; larg., 0.95.

50 — HAUT-RELIEF en terre émaillée, par LUCCA DELLA

Robbia. Il représente saint Jean-Baptiste debout, émaillé blanc et se détachant sur un fond d'émail bleu.

Haut., 1.55 ; larg., 0.65.

51 — Haut-relief en terre émaillée, par Lucca della Robbia, faisant pendant à celui qui precède. Il représente un saint personnage debout tenant une croix de la main droite. Comme dans celui qui précède, la figure est émaillée blanc et se détache sur un fond d'émail bleu.

Haut., 1.55 ; larg. 0.65.

52 — Les trois numéros qui précèdent reposent sur un soubassement émaillé blanc portant une inscription et la date de MDXVII et offrant à son centre une tête de chérubin ailée émaillée en couleurs et rapportée en haut-relief.

Haut., 0.19 ; larg., 2.45.

53 — Buste grandeur nature, de l'empereur Commode, en terre émaillée blanc de Lucca della Robbia, sur piédouche en porphyre rouge oriental.

Haut., tctale, 0.68.

FAIENCES ITALIENNES DIVERSES

54 — Faience italienne. Petit plat rond décoré en bleu et violet de Manganèse. Guerrier debout, se

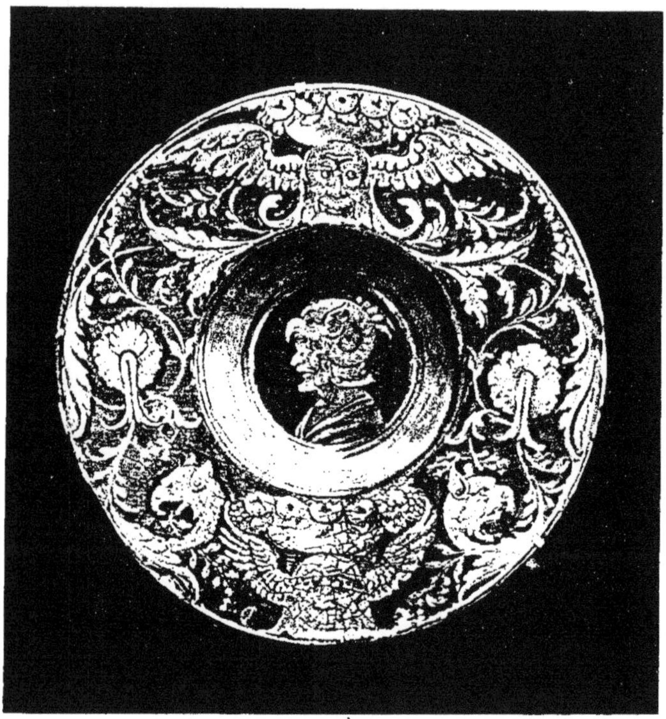

45

détachant sur fond blanc; au marli, rinceaux réservés sur fond violet. xve siècle.

Diam., 0,27.

55 — École de Lucca della Robbia. Petit buste d'empereur romain, couronné de lauriers, portant une armure à écailles et un manteau émaillé bleu et jaune. Terre cuite à couverte polychrome. xvie siècle.

Haut., 0,23; larg., 0,24.

56 — Socle cylindrique décoré de mascarons ailés, de rinceaux et d'animaux fantastiques sur fond gros bleu. Faenza. xvie siècle. Il est monté en bois noir.

Haut. totale, 0,15.

57 — Faïence italienne. Deux grands vases ovoïdes et à deux anses, animaux fantastiques. Décor polychrome à sujets allégoriques composés de grandes figures. xviie siècle.

Haut., 0,75.

58 — Faïence italienne. Grand plat rond, décoré en camaïeu bleu sur fond jaune. Au fond, figure équestre de guerrier au galop. A gauche, château fort et le nom : *Radicofano*; à droite, autre château fort avec nom : *Monte chiesso*, et au-dessous vue de ville : *Sena*. Au-dessous de la figure du ca-

valier, les noms de *Piero Strozzo*, et au bas du plat : *Nina Cecho dal Borgo 1554*.

Diam., 0.46.

59 — Petite assiette. Décor polychrome rehaussé d'or; au fond Caïn et Abel. Au marli, figurines de génies, mascarons et fleurs. Castelli, XVIIe siècle.

Diam., 0.185.

FABRIQUE HISPANO MAURESQUE

60 — Grand plat rond, à ombilic. Décor à reflets métalliques mordorés, avec écusson au centre et ornements au pourtour. Le marli est gaufré à godrons en spirale. Faïence hispano-mauresque. XVe siècle.

Diam., 0.47.

61 — Cornet cylindrique et à col rétréci, décor à reflets métalliques rouge cuivreux rehaussé de bleu. Faïence siculo-arabe, XVe siècle.

Haut., 0.28.

62 — Plat rond à ombilic. Décor à reflets métalliques mordorés sur fond blanc, à feuillages et arabesques. Faïence hispano-mauresque.

Diam., 0.40.

63 — Plat analogue à celui qui précède, à décor rayonnant. Faïence hispano-mauresque.

Diam., 0,40.

FAIENCES DE PERSE

64 — Pot a anse à panse piriforme, à côtes, col légèrement évasé et à couvercle bombé. Couverte bleu turquoise uni, et décor d'ornements feuillagés et de fleurs dessinés au trait.

Haut., 0,29.

65 — Grand plat rond, décor polychrome à vase et couronne de fleurs au fond et ornements au marli. Dans un cadre en bois sculpté rehaussé de dorure.

Diam. sans cadre, 0,41.

FAIENCES DE BERNARD PALISSY

66 — Grand Plat ovale à *reptiles* émaillé en couleurs sur fond jaspé. Au fond, anguille, coquillages et poissons. Au marli, grenouilles, crevettes, lézards, coquillages et feuillages.

Grand diam., 0,54; petit diam., 0,45.

67 — Plat ovale à *reptiles*. Celui-ci offre au fond des poissons, des grenouilles et des coquillages

dans des flots simulés. Le bord présente des lézards, des grenouilles, des crevettes, des insectes et des feuillages émaillés en couleurs, sur fond bleu. Le revers est jaspé.

Grand diam., 0,52; petit diam., 0,41.

68 — Coupe ovale, modèle connu sous le nom de : *La belle Jardinière*. Belle épreuve avec bord plat à palmettes saillantes émaillées vert et jaune alternés. Le revers jaspé porte un cachet formé d'une fleur de lis.

Grand diam., 0,34; petit diam., 0,263.

69 — Coupe ronde sur pied bas, modèle connu sous le nom de bacchanale d'enfants. Le bord festonné se compose de marguerites se détachant en vert et blanc sur fond brun et séparées par des ornements rayonnants émaillés blanc sur bleu. Le revers est marbré d'émail brun et vert sur fond blanc.

Diam., 0,30.

70 — Coupe de forme hexagonale et à bords festonnés composée d'une rosace entourée de six mascarons saillants avec draperies formant collerettes et coiffures composées de feuillages. Le bord est orné de fleurettes. Émaux polychromes sur les reliefs décorant l'intérieur et émaux jaspés à l'extérieur.

71 — Coupe ovale représentant le Baptême de saint

Jean en bas-relief. Le bord légèrement renversé est décoré d'ornements émaillés blanc sur fond brun. Le revers est jaspé.

Long., 0.310; larg., 0.260.

72 — Groupe formant gourde représentant le Triomphe de Neptune. Le dieu des mers est assis sur un cheval marin et ailé; il tient un poisson de la main droite et un trident de la main gauche. Le groupe est émaillé blanc, bleu et violet.

Haut., 0.20; larg., 0.18.

73 — Petite Coupe ronde composée d'entrelacs, de palmettes et de six compartiments contenant chacun un petit mascaron, le tout émaillé en couleurs et fond découpé à jour. Le revers est jaspé d'émail bleu, vert et brun.

Diam., 0.223.

74 — Grand Plat ovale à reptiles. Au fond, couleuvre, grenouilles et poissons dans les flots. Au bord, insectes, coquilles et feuillages émaillés sur fond bleu. Le revers est jaspé.

Grand diam., 0.50; petit diam., 0.40.

75 — Petite Coupe ronde à rosace au centre et mascarons au pourtour. Le revers est marbré de vert.

Diam., 0.23.

FAIENCES DU PRÉ D'AUGE

76 — Grande Vasque oblongue à panse à godrons et gorge évasée et festonnée, ornée de quatre mascarons saillants dont deux lui tiennent lieu d'anses. Ses quatre pieds sont formés de dauphins en ronde bosse. Terre émaillée du Pré-d'Auge jaspée de violet, de vert et de brun sur fond bis rappelant les tons extérieurs des plats de Palissy.

Haut., 0.31 ; grand diam., 0.62 ; petit diam., 0.32.

77 — Vasque de forme analogue à celle qui précède. La gorge et les anses de celle-ci sont ornées de cartouches et de mascarons. Terre émaillée du Pré-d'Auge, jaspée de vert et de brun.

Haut., 0.31 ; grand diam., 0.62 ; petit diam., 0.32.

GRÈS DE FLANDRE

78 — Cruche ovoïde à fond bleu et à mascarons saillants émaillés gris. Grès de Flandres. XVIe siècle.

Haut., 0.40.

79 — Cruche à panse sphérique décorée d'ornements et de mascarons et portant sur sa face les armes de la ville de Paris en relief, le tout émaillé gris et bleu. Grès de Flandres. XVIIe siècle.

Haut., 0.28.

VERRERIE ARABE ET DE VENISE

80 — Belle Lampe de mosquée (Turreïfa, lampe sacrée) en verre, décorée d'émaux saillants et rehaussée de dorure représentant des ornements et portant diverses inscriptions. Ainsi qu'il appert des dites inscriptions, cette lampe a été fabriquée l'an 761 de l'Hégire (1361) pour le compte du sultan *Nassan XVI Soudan*, sinon de la dynastie, au moins de la série des *Baharistes* qui commença sa mosquée votive l'an de l'Hégire 758 et ne l'acheva qu'après trois ans de travaux non interrompus. Les caractères étirés mais nullement violentés par l'ornemaniste, signifient :

GLOIRE A NOTRE MAÎTRE

Le sultan *Mélite-Ennassir-Eddounea, Oued-din,*

HASSAN,

Fils de *Mohammed-Mohammed,*

Fils du sultan *Kelaoun.*

Haut., 0.35 ; diam., 0.285.

81 — Coupe ronde sur piédouche bas en verre incolore décorée au fond d'un écusson armorié surmonté d'un chapeau de cardinal dans une couronne de rosaces, le tout émaillé en couleurs et rehaussé de dorure. Couronne de rosaces au bord

de la pièce placée entre un double rang de points d'émail blanc et rouge. Venise, XVIe siècle.

Haut., 0,65 ; diam., 0,23.

82 — COUPE ronde légèrement évasée en verre incolore sur piédouche bas avec godrons saillants au fond extérieur de la pièce et filets saillants de verre bleu. Elle est décorée d'une rosace et d'une bordure d'ornements et d'imbrications en émaux de couleurs et or. Venise, XVIe siècle.

Haut., 0,78 ; diam., 236.

83 — COUPE ronde sur pied à balustre élevé en verre incolore, décorée de fleurs arabesques et d'ornements en or à froid, à l'extérieur du pied et de la coupe. Venise, XVIe siècle.

Haut., 0,155 ; diam., 0,187.

84 — COUPE en verre vert garnie d'une monture Louis XIII en cuivre doré à montants ornés de têtes de chérubins.

Haut., 0,180 ; diam., 0,130.

VERRERIE ANTIQUE

85 — FIOLE antique à panse bursaire et à anse travaillée à la pince en verre incolore irisé.

Haut., 0,135.

86 — Petite Coupe ronde et profonde en verre incolore irisé. Travail antique.

Haut., 0.065 ; diam., 0.060.

87 — Fiole antique à panse conique et col droit en verre incolore couvert de belles irisations.

Haut., 0.160.

88 — Petite Fiole antique de même forme mais avec anse reliant la panse au col en verre incolore irisé.

Haut., 0.075.

ÉMAUX CHAMPLEVÉS

89 — Chasse oblongue à couvercle en toit surmonté d'une crête en cuivre gravé et découpé, garnie de trois boules en cristal de roche. La pièce en cuivre champlevé, gravé et doré sur fond d'émail bleu représente sur sa face principale le sujet du Massacre des Innocents ainsi que l'Adoration des Rois Mages. La face postérieure et les faces latérales sont décorées de bustes d'anges placés dans des encadrements émaillés bleu clair. Limoges. XIIIe siècle.

Haut., 0.25 ; larg., 0.22.

90 — Plaque carrée en cuivre champlevé et émaillé

sur fond doré. Elle représente la Crèche. Travail des bords du Rhin. XIIe siècle. Cadre bois noir.

Haut. sans cadre, [illegible]; larg., [illegible].

91 — PLAQUE carrée en cuivre champlevé et émaillé sur fond doré. Elle représente le Jugement de Salomon. Les vêtements sont émaillés bleu et blanc. Travail des bords du Rhin. XIIe siècle. Cadre en bois noir.

Haut. sans cadre, 0,108; larg. 0,110.

92 — DEUX PLAQUES cintrées à leur partie supérieure, de même travail. L'une represente saint Simon et l'autre saint Judas debout. Cadres en bois noir.

Haut. sans cadre, 0,130; larg., 0,065.

ÉMAUX DE LIMOGES

93 — BELLE PLAQUE rectangulaire. Peinture en émaux de couleurs attribuée à NARDON PÉNICAUD : Le Baiser de Judas, composition de quinze figures dont un certain nombre de guerriers portant des armures du XVe siècle. Au premier plan, Malcus agenouillé et dont le Christ tient l'oreille est vêtu d'un costume à fond blanc décoré au trait de rosaces en noir et or. Les fleurs qui jonchent le sol sont traitées d'une façon très soignée et qui se rencontre rarement dans les émaux de cette époque.

Haut sans cadre, 0,19; larg., 0,21.

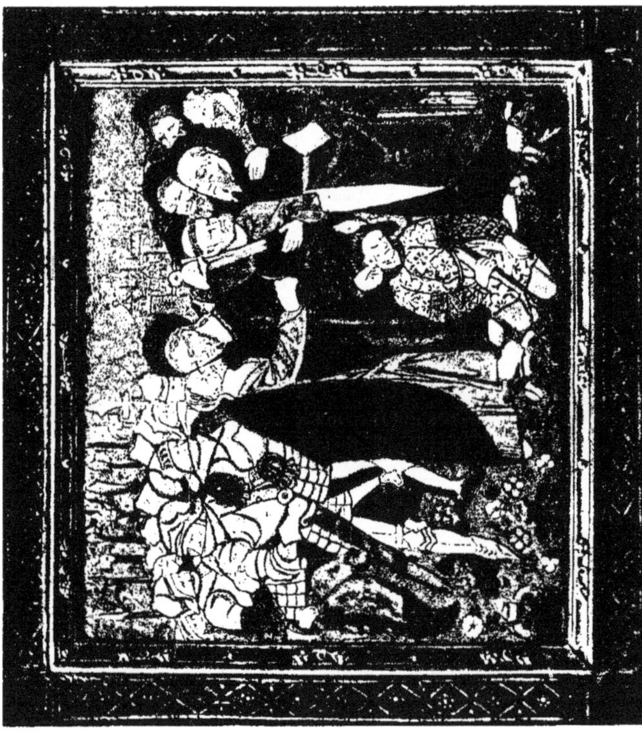

94 — Curieuse plaque en forme de feuille. Peinture en émaux de couleurs à points d'émail saillants et sur paillon imitant les pierres précieuses et rehaussé d'or attribuée à Jean Ier Pénicaud. Elle représente le Père Éternel couché et endormi tenant un arbre dont les branches se terminent par des bustes de Rois. La branche centrale porte à sa partie supérieure la Vierge assise, tenant l'Enfant Jésus sur ses genoux. Le fond bleu azur est étoilé d'or.

Haut., 170; larg., 0.115.

95 — Baiser de paix cintré à sa partie supérieure. — Peinture en émaux de couleurs sur fond noir des premières années du xvie siècle. — Elle représente la Vierge debout, portant l'Enfant Jésus et sainte Véronique, tenant le saint suaire. Ces figures sont placées sous un arceau gothique émaillé blanc.

Haut. sans la monture, 0.088; larg., 0.072.

96 — Baiser de paix cintré à sa partie supérieure. — Peinture en émaux de couleur, sur fond noir avec rehauts d'or. Premier quart du xvie siècle. — Elle représente le sujet de la Crèche.

Haut., sans le cadre, 0.067, larg., 0.045.

97 — Grand plat ovale. — Peinture en grisaille sur fond noir chairs teintées et rehauts d'or par *Pierre Courtois*. Bord moderne (H. St.)

Intérieur : Le Banquet des dieux, d'après Raphaël. Le bord est décoré de cartouches soutenus par des enfants se terminant en rinceaux, dont les extrémités sont formées de têtes de boucs chimériques. Les deux cartouches du centre présentent chacun une tête drapée supportant une corbeille de fleurs. Ceux des extrémités portent : l'un, la signature : *P. Corteys*; l'autre, la date de 1554.

Extérieur : Très beau cartouche au centre duquel est un fleuve couché le bras appuyé sur une urne.

Le cartouche est composé d'enroulements avec têtes drapées, reliées à deux têtes de chérubins ailés par des draperies et des groupes de fruits. La bordure se compose d'entrelacs en grisaille avec ornements d'or sur le fond.

La signature *P. Corteys* se voit également au-dessous d'une des têtes du grand cartouche.

Grand diam., 0.57; petit diam., 0.445.

98 — Beau retable composé de vingt et une plaques rectangulaires en hauteur, peintes en émaux de couleurs avec rehauts d'or sur fond noir, par *Léonard Limousin*. Chacune d'elles représente une figure de prophète ou une figure de sibylle debout, dont la tête est surmontée d'une banderole portant son nom.

La monture en bronze finement ciselé, et doré en partie, se compose de pilastres et de colonnettes ornées, reliées entre elles par des bandeaux décorés de draperies contenant des groupes de fruits

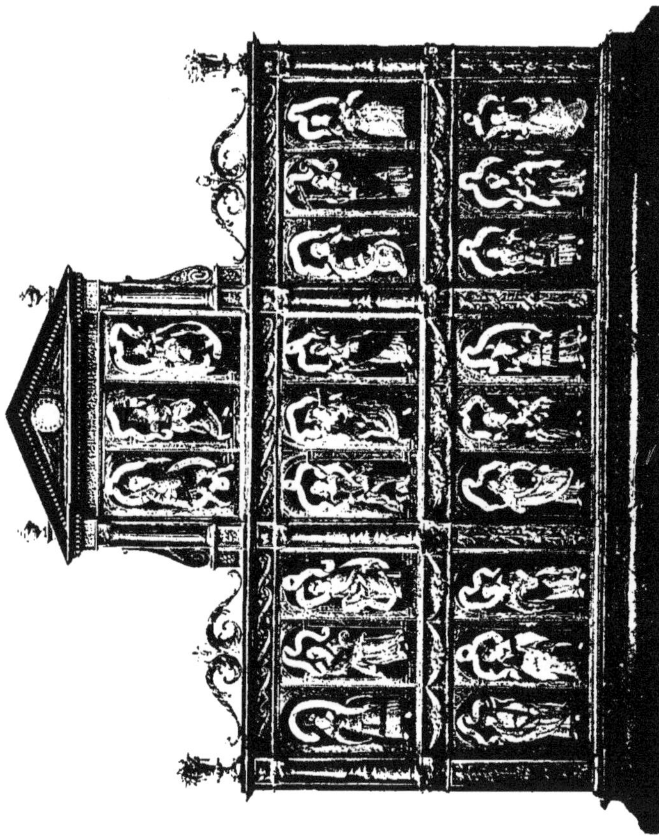

et des ornements variés. La partie centrale surélevée est surmontée d'un fronton et flanquée de consoles. A droite et à gauche, dans le haut, se trouvent deux motifs à rinceaux se terminant par des têtes de dauphins fantastiques. Les angles supérieurs sont ornés de vases contenant des fruits.

Haut. totale, 1.08; larg., 1.30.

99 — Plaque cintrée à sa partie supérieure. — Peinture en émaux de couleurs et rehaussée d'or portant le monogramme I. R.

Elle représente le Christ en croix. Au fond, la ville de Jérusalem; à gauche, au premier plan, saint Pierre debout; à droite, la Donataire agenouillée ayant près d'elle un personnage debout vêtu d'un manteau fleurdelisé et portant la couronne impériale. Il tient la boule du monde d'une main et un glaive de l'autre. restauré

Haut. sans le cadre, 0.163; larg., 0.123.

100 — Baiser de paix cintré à sa partie supérieure. — Peinture en émaux de couleurs attribuée à *Jean Limousin*. — Elle représente le sujet de l'Annonciation.

Haut. sans le cadre, 0.133; larg., 0.102.

101 — Plaque rectangulaire. — Peinture en grisaille, chairs légèrement teintées sur fond noir avec rehauts d'or. xvie siècle.

Elle représente la scène du baiser de Judas;

composition de quatorze figures. La plaque porte dans le bas l'inscription suivante : IVDAS PRODITOR.

Haut. sans le cadre en bois et émail, 0.090 ; larg. 0.115.

102 — PETITE COUPE ronde sur piédouche. — Peinture en grisaille sur fond noir avec rehauts d'or attribuée à *Jean Courtois*.

Elle représente un personnage monté sur un navire, dont les voiles enflées par le vent le dirigent vers une figure de la Fortune debout sur une roue. Deux banderoles portent les inscriptions suivantes : S. STVIS SORTES MEE-PEPEVSIEN SANANO.

L'extérieur est décoré de feuilles et de rinceaux d'or. Le piédouche a été refait.

Haut. 0.092; diam., 0.160.

103 — PETITE PLAQUE ronde. — Peinture en émaux de couleurs attribuée à *Pierre Raymond*. Elle représente la Vierge, l'Enfant Jésus et sainte Anne.

Diam. sans le cadre en velours et argent, 0.050.

104 — PLAQUE rectangulaire. — Peinture en émaux de couleurs attribuée à *Colin Noualhier*. — Cavalier, chevaux portant des ballots et personnages dans un paysage. On lit au bas du sujet sur une banderole : *Comes François marchant de dras, parti par les chams*. Cadre en bois noir.

Haut. sans le cadre, 0.205 ; larg., 0.165.

105 — Deux plaques rectangulaires. Peintures en émaux de couleurs et rehaussées d'or. xvie siècle. L'une d'elles représente le Couronnement d'épines et l'autre la Flagellation. Cadres en bois noir et or.

Haut, sans le cadre, 0.23 ; larg., 0.16.

106 — Plaque rectangulaire. Peinture en émaux de couleurs sur fond noir et rehaussée d'or. xvie siècle. Buste du Christ de profil à gauche. Cadre en bois noir rehaussé de dorure.

Haut., 0.23 ; larg., 0.16.

107 — Plaque carrée. Peinture en grisaille et chairs teintées sur fond noir. Attribuée à Pierre Pénicaud. Elle représente l'Apparition de Jésus à Madeleine.

Haut., 0.12 ; larg. 0.12.

108 — Quatre plaques évidées d'un côté et disposées pour former encadrement. Peintures en grisaille sur fond noir attribuées à *Léonard Limousin*. Elles représentent chacune une figure de femme drapée portant un vase. Elles sont montées dans un même cadre.

Haut., 0.29.

109 — Deux petites plaques rectangulaires en hauteur. Peintures en grisaille, sur fond noir, par *Pierre Raymond*. Elles représentent des scènes tirées de l'histoire d'Hercule.

Haut., 0.065 : larg., 0.040.

110 — Deux bandes d'émail provenant de cadres. Peinture en grisaille sur fond noir. xvie siècle. Elles sont décorées d'ornements et d'un mascaron.

Haut., 0.195 et 0.175 ; larg. 0.030 et 0.028.

111 — Grande plaque ovale. Peinture en grisaille sur fond noir avec rehauts d'or, par J. Laudin. Elle représente saint Pierre en prière. On lit au revers : *Laudin, émailleur à Limoges.* Elle est montée dans un cadre moderne en bois doré avec angles garnis de plaques d'émail à fond noir avec ornements blancs en relief.

Haut. sans cadre, 0.265 ; larg., 0.220.
Haut. en cadre, 0.370 ; larg., 0.320.

ARMES EUROPÉENNES
ET FERS OUVRÉS

112 — Armure noire du xvie siècle, gravée et damasquinée en or et en argent. Elle se compose d'un heaume à visière et à grille, d'une cuirasse complète, de brassards avec épaulières, de jambières et de tassettes garde-cuisses.

Elle provient du comte Oldefredi, capitaine au service de la république de Venise, dont le plastron porte les armoiries.

113 — Armure du xvie siècle, en fer gravé, à bandes d'ornements sur fond doré. Elle se compose d'un

heaume à visière, d'une cuirasse, d'un colletin, de deux brassards avec épaulières, de deux gantelets, de deux cuissards avec jambières, de tassettes garde-cuisses et d'une chemise de mailles rivées. Diverses parties de cette armure ont été refaites.

114 — Armure de joute analogue à celle qui précède, à bandes d'ornements et armoiries gravées et à épaulières garnies d'ailettes surélevées. xvie siècle. Comme dans celle qui précède, diverses parties de cette armure ont été refaites.

115 — Armure forme dite *Maximilienne*, à cannelures. Elle se compose du heaume à visière, du colletin, de la cuirasse, des épaulières avec brassards et gantelets, des jambières avec chaussures de tassettes garde-cuisses et d'une chemise de mailles rivées. Quelques parties de cette armure ont été refaites. xvie siècle.

116 — Pulverin de forme cintrée en corne gravée à figures, ornements et armoiries. Il est garni haut et bas d'une monture en cuivre ciselé et doré présentant des cartouches ornés et des trophées d'armes. La plaque du fond ouvrant à charnière est décorée d'une figure d'arquebusier gravée. Allemagne. xvie siècle.

Long., 0.34.

117 — Batterie de fusil double à pierre décorée de figures, de mascarons et d'ornements en relief.

Larg., 0.28.

118 — Pistolet a rouet avec monture entièrement couverte d'os finement gravé à entrelacs, animaux, oiseaux et mascarons. La crosse sphérique est décorée de même, le canon est ciselé à figures de guerriers debout, rinceaux et oiseaux, et la batterie présente des rinceaux et un aigle à deux têtes en relief. Allemagne. XVIe siècle.

Long., 0 55.

119 — Arquebuse a rouet dont la monture est richement incrustée de nacre et d'ivoire gravés et dont le canon et la batterie sont ciselés à ornements et dorés. XVIe siècle.

120 — Mousquet à rouet avec monture finement incrustée d'ivoire et de nacre. XVIe siècle.

121 — Mousquet à rouet de même travail, forme dite *pied de biche*. XVIe siècle.

122 — Pistolet à rouet avec monture incrustée d'ivoire et de nacre et batterie ciselée. XVIe siècle.

123 — Épée à large poignée, à double coquille repercée à jour et à branches, quillons courbes et pommeau incrustés d'argent ciselé à groupes de fruits, mascarons et ornements. XVIe siècle.

124 — Épée du xviᵉ siècle à longue lame et à poignée à triple garde et quillons droits ciselés à maillons cannelés.

125 — Beau bouclier en fer repoussé damasquiné d'or et d'argent. Il représente en bas-relief un sujet tiré de l'histoire romaine composé d'un grand nombre de figures. Travail italien du xviᵉ siècle.

Diam., 0.55.

126 — Morion en fer gravé à médaillons à personnages : sacrifice d'Abraham et guerrier au galop; bustes, rinceaux et ornements. Allemagne. xviᵉ siècle.

127 — Cabasset en fer gravé à figures et ornements. xviᵉ siècle.

128 — Colletin en fer plaqué d'or et d'argent gravé, portant l'inscription suivante : *Deus protector noster*. xviᵉ siècle.

129 — Morion à crète très élevée en fer gravé à figures et ornements. xviᵉ siècle.

130 — Salade à bandes de cavaliers, trophées d'armes et ornements gravés et dorés et à clous ornés rapportés. xviᵉ siècle.

131 — PULVERIN en fer à médaillon renfermant une figure de femme couronnée armée d'un glaive et d'une lance, ciselée en relief. Cette pièce porte des traces de dorure. XVIe siècle.

Haut., 0 180.

132 — PLAQUE RECTANGULAIRE dans un cartouche découpé surmonté de deux figurines de saints personnages et reposant sur un piédouche à balustre; le tout en fer damasquiné d'or et d'argent et décoré d'ornements, de rinceaux et d'oiseaux. La plaque offre sur une de ses faces une longue inscription latine et sur l'autre une figure de sainte femme debout entourée de rinceaux et d'oiseaux. XVIe siècle.

Haut., 0.330; larg., 0.140.

133 — SEPT JOLIS COUTEAUX à longues lames et à douilles incrustées de rinceaux et de mascarons en argent. Les manches en ambre sculpté se terminent chacun par un buste d'empereur romain. XVIe siècle.

Long. totale, 0.260.

134 — DEUX PETITS COUTEAUX à manches adhérents en fer ciselé et doré. L'un d'eux se termine par un buste d'homme barbu et l'autre par un animal fantastique assis. XVIe siècle.

Long., 0.190 et 0.170.

135 — Serrure gothique simulant la façade d'un monument en fer ciselé et repercé à jour. Le moraillon est orné d'une figurine placée sous un clocheton.

Haut., 0.160; larg., 0.110.

136 — Targette formée de la lette F surmontée de la couronne royale en fer découpé. L'attache en forme de balustre se termine par une coquille. La lettre F nous semble être l'initiale du roi François Ier.

Haut., 0.150.

137 — Pulverin en os sculpté en bas-relief représentant sur une de ses faces une scène de repas et sur l'autre un médaillon ovale entouré d'ornements. Il porte une inscription et il est garni en fer.

Long., 0.200.

138 — Marteau de porte en fer, orné d'une figure de saint personnage debout et couronné, placé sous un dais gothique à clochetons.

Haut., 0.255.

139 — Couteau à lame gravée et manche en fer ciselé et doré à chapiteau et lion assis tenant un écusson. Il est garni de nacre. xvie siècle.

Long., 0.215.

140 — Couteau analogue à celui qui précède. Celui-

ci se termine à sa partie supérieure par un sphinx fantastique. XVIe siècle.

Long., 0.215.

141 — COFFRET oblong à couvercle bombé, en fer damasquiné d'or et d'argent, décoré de médaillons de paysages sur fond couvert d'arabesques feuillagées. XVIe siècle.

Haut., 0.140 ; larg., 0.180.

142 — PETIT CABINET dont la façade, d'aspect monumental, en fer damasquiné d'or et d'argent, est enrichi de figurines et d'appliques en bronze ciselé et doré. L'extérieur est en bois d'ébène incrusté de filets d'ivoire et le meuble repose sur quatre pieds formés de sphinx ailés assis en bronze doré. Travail italien du XVIe siècle.

Haut., 0.40 ; larg., 0.52.

143 — LANGUE DE BŒUF à lame gravée à bustes, figures et ornements portant des traces de dorure. La lame date du XVIe siècle et la poignée, de même style, est décorée d'arabesques et de feuillages damasquinés d'or et d'argent.

Long., 0.56.

144 — ÉPÉE CLAYMORE à ornements en relief, et portant les armes d'Angleterre, ainsi que des traces de dorure.

145 — PULVÉRIN triangulaire à côtés rentrants, garni de velours vert et de bandes de fer décorées d'ornements damasquinés d'or et d'argent. XVIe siècle.

146 — COUTEAU DE CHASSE à lame gravée et à poignée ornée d'un pommeau et d'une garde damasquinés d'or. Le fourreau en cuir gaufré est garni en fer damasquiné d'or.

147 — ÉPÉE à poignée en fer, dont le pommeau et la garde sont ornés de têtes d'animaux fantastiques.

148 — DEUX GRANDS FAUCHARDS en fer avec rosaces découpées à jour. XVIe siècle.

149 — HALLEBARDE à large lame droite se terminant en pointe. XVIe siècle.

150 — GRANDE ÉPÉE à deux mains à garde à enroulements et à lame, dont le talon porte des décors de paysages en or sur une de ses faces.

ARMES ORIENTALES

ET CUIVRES PERSANS

151 — MAGNIFIQUE BOITE oblongue, arrondie à ses extrémités, et formant écritoire en cuivre, entièrement couverte d'incrustations d'or et d'argent de la

plus grande finesse d'exécution, se composant de rosaces, d'entrelacs, de quadrillages, et portant un grand nombre d'inscriptions. Ancien et précieux travail persan.

Haut., 0.056; larg., 0.283.

152 — FLAMBEAU persan à large base circulaire et porte-bougie en forme de vase ovoïde en cuivre gravé à rosaces, ornements et inscriptions, et enrichi d'incrustations d'argent. La base est de travail ancien, le porte-bougie nous semble avoir été rapporté.

Haut., 0.27.

153 — FLAMBEAU persan à base circulaire et tige cylindrique, en cuivre gravé à arabesques, et portant de grandes inscriptions et des ornements incrustés d'argent. Travail ancien.

Haut., 0.22.

154 — BUIRE persane à panse piriforme aplatie en métal incrusté d'or et d'argent à fleurs arabesques et ornements. Travail ancien.

Haut., 0.33.

155 — CASQUE à bombe sphérique en damas à arêtes saillantes décoré d'inscriptions et d'ornements damasquinés d'or et garni d'une maille fine dentelée et rivée. Ancien travail persan.

156 — Rondache en damas garnie de quatre bossettes saillantes et décorée de bandes d'ornements et d'inscriptions dorées.

157 — Petite épée indienne avec garde-main décoré d'ornements en relief.

MANUSCRITS

158 — Livre d'heures, très beau manuscrit français du xve siècle, petit in-8°, sur vélin, précédé du calendrier et enrichi de quatorze grandes belles miniatures encadrées de fleurs sur fond d'or, et de quantité de petites miniatures et de lettres ornées. Il est suivi de quelques oraisons en vieux français, et diverses inscriptions manuscrites postérieures à l'ouvrage nous apprennent qu'il a appartenu à *Jehan de Noval le jeune et à Jehanne Merugart, son espeuse, demourant à Saint-Malo, en Bretaigne*, puis à divers membres de la Maison de Chastillon.

Reliure en maroquin rouge doré au fer du xviiie siècle.

159 — Heures de la Vierge. Beau manuscrit italien du xvie siècle, sur vélin, format in-8°, décoré d'un grand nombre de petites miniatures placées au centre de lettres ornées et enrichi de très beaux encadrements à fond d'or composés de riches

candelabres, de rinceaux élégants, de figures grotesques et de bijoux simulés ornés de perles.

Reliure en maroquin rouge doré au fer.

OBJETS VARIÉS

160 — Reliquaire oblong à couvercle en toit présentant sur une de ses faces deux plaques en cuivre repoussé à entrelacs et incrustées de cabochons en verre imitant les pierreries. Il est surmonté d'une crête en cuivre découpé, également incrustée de cabochons de verre, et les encadrements des plaques sont gravés et argentés. Travail du XIIIe siècle (?) de style oriental.

Haut., 0.125 ; larg., 0.120.

161 — Aquamanile formé d'un lion debout en cuivre jaune. La poignée, reliant la tête à la queue de l'animal, est formée d'un lézard.

Haut., 0.21 ; larg., 0.19.

162 — Buire en cuivre jaune à panse en forme de balustre sur piédouche, goulot formé d'un lion assis et à anse de lézard.

Haut., 0.25.

163 — Soufflet couvert sur une de ses faces de fleurs de lis et de petits dauphins rapportés en cuivre en relief, sur fond de velours.

Long., 0.40.

164 — Plateau octogone en cuivre doré à bordure plate ciselée et repercée à jour, et enrichie de pierreries. Il est orné de compartiments, décorés de peintures sur verre représentant des fleurs, des oiseaux et des figures. Époque Louis XIII.

165 — Petit médaillon rond en cuivre ciselé portant des traces de dorure, et représentant en bas-relief deux personnages vus à mi-corps, et se faisant face. XVIe siècle.

Diam., 0.035.

166 — Horloge placée dans un vase ovoïde à deux anses à cariatides sur socle à pans supporté par quatre têtes de chérubins ailés, en cuivre gravé et doré et frise découpée à jour. Le cadran est en argent gravé. XVIe siècle. Le mouvement a été refait.

Haut. totale, 0.440.

167 — Coffre oblong, dont le pourtour à gorge et le dessus sont couverts de cuir gaufré, rehaussé de dorure, et gravé à figures de génies, rinceaux et ornements variés. Le médaillon du couvercle représente une ronde de nymphes exécuté en toile gaufrée en relief et peinte. L'intérieur du couvercle est en cuir gaufré. Travail italien du XVIe siècle.

Haut., 0.15; larg., 0.43.

168 — Plaque cintrée à sa partie supérieure en cuivre

battu gravé et doré. Elle offre une figure de saint personnage en haut-relief et vue à mi-corps. XIIIe siècle.

Haut., 0.115; larg., 0.050.

BIJOUX

169 — Médaillon ovale à double face décoré en émaux de basse-taille sur argent et translucides. Il représente sur une de ses faces la figure de saint Jean debout et sur l'autre la Madeleine. Cadre à torsade d'argent doré. XVe siècle.

Haut., 0.05.

170 — Reliquaire formé d'un cylindre en bois sculpté et repercé à jour représentant diverses scènes de la Passion. Monture en forme de lanterne conique en argent doré et cristal. XVIe siècle.

Haut., 0.04.

171 — Reliquaire analogue formé d'un tube oblong en cristal monté en or, émaillé à rosaces blanches et bleues. Il se termine par une perle pendeloque. XVIe siècle.

Haut, 0.05.

172 — Petite Lanterne quadrangulaire en or émaillé à colonnettes aux angles. Elle renferme diverses

scènes tirées de la vie du Christ en bois finement sculpté et repercé à jour. XVIe siècle.

Haut., 0.033.

173 — RELIQUAIRE formé d'un médaillon ovale à double face en cristal de roche, garni d'une monture en or émaillé fleurdelisé. XVIe siècle.

Haut., 0.056; larg., 0.046.

174 — MÉDAILLON ovale en cristal de roche taillé, monté en or émaillé et contenant deux miniatures sur vélin. XVIe siècle.

Haut., 0.040; larg., 0.034.

175 — BIJOU pendantif formé d'un éléphant debout en or émaillé et garni de perles pendeloques et d'un rubis.

Haut., 0.044; larg., 0.026.

176 — CROIX de cou formant reliquaire en or gravé et décorée d'émaux translucides. XVIe siècle.

Haut., 0.046.

177 — MÉDAILLON ovale à torsade en or émaillé blanc et vert et décoré de deux peintures sur verre représentant la Vierge et saint Jean. XVIIe siècle.

Haut., 0.050; larg., 0.046.

178 — Médaillon ovale à double face en or émaillé et découpé à jour. xvie siècle.

Haut., 0.072 ; larg., 0.052.

179 — Médaillon triangulaire en cristal de roche gravé portant divers attributs de la Passion et monté en or émaillé noir et blanc. xvie siècle.

Haut., 0.070; larg., 0.068.

180 — Bijou pendantif composé d'enroulements en or découpé et émaillé bleu, noir et blanc, enrichi de perles fines. Époque Louis XIII.

Haut., 0.066; larg., 0.033.

181 — Croix ouvrante surmontée d'un ruban en or émaillé noir et blanc sur une de ses faces et décorée sur l'autre de cristaux imitant des diamants. Époque Louis XIII.

Haut., 0.073.

182 — Bague en argent doré et émaillé formée d'un serpent et d'un écureuil et enrichie de pierreries.

183 — Bijou pendantif formé d'une figurine d'enfant Jésus et bénissant, en or émaillé, enrichi de diamants et garni d'une perle à sa partie inférieure. xvie siècle.

Haut., 0.05.

184 — Petit Cadre rectangulaire à double face en or émaillé composé d'ornements découpés. Époque Louis XIII.

Haut., 0.037 ; larg., 0.042.

185 — Petit Bijou pendantif en or émaillé formé d'une colombe et garni de perles fines. xvie siècle.

Haut., 0.043.

186 — Médaillon ovale en or émaillé garni de perles au pourtour et offrant à son centre une figurine de Vierge debout. xvie siècle.

Haut., 0.078; larg., 0.066.

187 — Bijou pendantif formé d'une syrène en or émaillé et garni de perles fines. Époque Louis XIII.

Haut., 0.06.

188 — Médaillon composé de rinceaux découpés en or, enrichi d'émeraudes et de roses et offrant à son centre une figurine en or émaillé qui représente le Christ à la colonne. xviie siècle.

Haut., 0.056; larg., 0.046.

189 — Petit Bracelet composé de petites boules et de croix en or émaillé et repercé à jour. Époque Louis XIII.

190 — Reliquaire en argent cintré à sa partie supérieure et renfermant une sculpture sur bois qui représente le Christ en croix entre saint Jean et sainte Madeleine. xvi° siècle.

Haut., 0.040; larg., 0.028.

191 — Médaillon en forme de cœur à double face en argent et émail cloisonné bleu turquoise. Il contient deux bas-reliefs pris dans le même morceau de bois et représentant diverses scènes tirées de l'histoire du Christ. Travail gréco-russe. xvi° siècle.

Haut., 0.056; larg., 0.052.

192 — Petit Vase de forme aplatie suspendu à une chaînette d'or, décoré sur ses deux faces de peintures églomisées sur cristal de roche. Monture à anse en or émaillé. xvi° siècle.

Haut., 0.058.

193 — Deux Médaillons, l'un d'eux à double face, décorés de peintures sur verre représentant des bustes de saints personnages. L'un d'eux est monté en argent doré. xvi° siècle.

Diam., 0.040.

194 — Deux Médaillons rectangulaires décorés de sujets en or émaillé rapportés sur fond de lapis et représentant l'un le Portement de croix et l'autre le Couronnement d'épines. Ils sont montés en or

et suspendus à des chaînettes d'or avec perles fines en entre-deux. moderne (H. St.)

Haut., 0.022; larg., 0.027.

195 — Bijou formé d'un pélican blanc en or émaillé enrichi de pierreries et de perles. Il a été monté en épingle. XVIe siècle.

Haut., 0.032.

196 — Bague du XVIe siècle en or ciselé à ornements et chaton orné d'un rubis.

197 — Petit Collier formé de maillons en or émaillé noir et blanc et garnis chacun d'une perle fine. Il est accompagné d'un bijou composé de rinceaux en or découpé à jour, émaillé bleu et blanc, enrichi à son centre d'une figurine de Vierge debout et de perles fines. XVIe siècle.

198 — Collier indien composé d'une chaînette à laquelle sont appendus dix chatons en forme de cœur en or émaillé à fleurs rouges sur fond d'émail blanc sur une de leurs faces et présentant sur l'autre deux petits diamants entourés d'émail vert. Chaque pendant se termine par une perle pendeloque.

199 — Deux Camées de forme ronde sur agate orientale. Bustes d'une impératrice et d'un empereur romains de profil à droite. XVIe siècle.

Diam., 0.057.

MATIÈRES PRÉCIEUSES

200 — Cristal de roche. — Jolie coupe de forme oblongue allongée sur pied bas, décorée de rinceaux et d'animaux fantastiques finement gravés en creux. Italie. xvie siècle.

Haut., 0.08; larg., 0.25.

201 — Cristal de roche. — Belle buire ovoïde à anse prise dans la masse et rattachée à la panse par une tête fantastique.

La panse présente dans un bandeau central trois médaillons renfermant chacun un animal fantastique. Au-dessus règne une frise de palmettes et au-dessous un rang de godrons. Le pied également décoré de palmettes est relié à la pièce à l'aide d'une monture en vermeil.

Le goulot a été rapporté. Italie; xvie siècle.

Haut. totale, 0.28.

202 — Cristal de roche. — Plateau rond gravé à ornements et entouré de compartiments taillés à cavités ovales et circulaires, reliés entre eux et au plateau central à l'aide d'une monture en cuivre doré enrichie d'ornements rapportés en relief et découpés à jour. xvie siècle.

Diam., 0.216.

203 — Cristal de roche. — Plateau ovale dont le marli est décoré de têtes de chérubins et d'orne-

ments gravés en creux. Le pourtour extérieur de la chute est taillé à canaux creux. Italie. XVI° siècle.

Grand diam., 0.193; petit diam., 0.148.

204 — CRISTAL de roche. — Coupe ovale et à contours dont l'extérieur présente des têtes de satyres et des rinceaux en relief.

Grand diam., 0.20; petit diam., 0.155.

205 — CRISTAL de roche. — Reliquaire formé d'un médaillon ovale garni au pourtour d'ornements en argent ciselé, doré et repercé à jour. XVI° siècle.

Haut., 0.20; larg., 0.15.

206 — JASPE rouge de Sicile. — Deux colonnettes avec embases et chapiteaux en bronze doré sur socles carrés, également en bronze doré incrusté de plaques de jaspe jaune et rouge. XVII° siècle.

Haut. totale, 0.31.

207 — JASPE de diverses nuances. — Socle ovale à gorge en bronze ciselé, doré et incrusté de jaspes de diverses nuances. Travail de Neubert de Dresde.

Haut., 0.18; larg., 0.20.

208 — CRISTAL de roche. — Petit vase ovoïde gravé à

feuillages et ornements et à goulot quadrilobé xvie siècle.

Haut., 0.152.

209 — Cristal de roche. — Petite coupe quadrilobée, sur piédouche, décorée d'arbustes, d'oiseaux et de flots simulés gravés en creux. xvie siècle.

Haut., 0.05; larg., 0.148.

210 — Cristal de roche. — Petit vase ovoïde évidé d'épaisseur et à culot décoré de feuilles gravées en relief. xvie siècle.

Haut., 0.094.

211 — Cristal de roche. — Coupe trilobée à anse, tête de dragon et enroulements, sur pied à balustre cannelé. Elle est garnie d'une monture en or émaillé de style renaissance.

Haut., 0.17; larg., 0.14.

ORFÈVRERIE

212 — Vase formé d'une noix de coco très finement sculptée en bas-relief à médaillons et personnages, figurines de génies et armoiries. Il est garni d'une jolie monture en argent repoussé, ciselé et doré, composée d'un pied à balustre feuillagé, garni de

quatre petites consoles et d'un couvercle surmonté d'une figurine d'amour.

Travail allemand du XVIe siècle. monture moderne (H.St)

Haut., 0,245.

213 — PETIT VIDRECOME en argent repoussé et doré, décoré de mascarons, d'ornements et de groupes de fruits, avec anse à cariatide de femme et à charnière surmontée d'une figurine de Bacchus assis. Allemagne, XVIe siècle.

Haut., 0,14.

214 — CALICE en argent repoussé et doré, sur piédouche à nœud ovoïde. Il est couvert de sujets tirés de la Passion, de têtes de chérubins et d'ornements, et il est accompagné de sa patène, offrant sur une de ses faces et en relief le sujet de la Résurrection. France, XVIIe siècle.

Haut., 0,24.

215 — MÉDAILLON rond provenant d'une coupe en argent repoussé et doré, et représentant une scène de vendange. Allemagne, XVIe siècle. moderne (H.St.)

Diam., 0,15.

216 — COUPE ronde en argent doré, représentant en bas-relief et dans des médaillons ovales, des figures allégoriques de la Terre, de l'Eau, de l'Air et du Feu, et en outre celle de la Tempérance. Les sujets

moderne (H.St.)

du pourtour sont séparés par des cariatides ailées. Travail dans le goût des travaux de Briot.

Diam., 0.26.

217 — Petit vase à couvercle à culot sphérique et col évasé, en argent repoussé et doré à entrelacs, ornements et groupes de fruits. Le pied à balustre est décoré de mascarons et garni de trois petites consoles. Allemagne, xviie siècle.

Haut, 0.22.

218 — Drageoir formé d'un hibou debout en argent repoussé, doré en partie. Travail allemand, xviiie siècle.

Haut., 0.165.

219 — Gobelet double en argent repoussé ciselé et doré, formé d'une figurine de femme debout, à jupe large, servant de coupe et supportant de ses deux bras surélevés une autre petite coupe mobile. Allemagne, xviie siècle. moderne (H. St.)

Haut., 0.21.

220 — Figurine d'homme passant, en argent repoussé; il s'appuie sur son bâton. Allemagne, xviie siècle.

Haut. sans le pied en bois noir., 0.27

221 — Vase en forme d'ananas, en argent repoussé et doré, sur pied formé d'un tronc d'arbre sur lequel se trouve une figurine de bûcheron. Le cou-

vercle est surmonté du double aigle de Russie. Travail allemand du XVIIe siècle.

Haut., 0.30.

222 — DRAGEOIR formé d'un bouc se cabrant, en argent repoussé, ciselé et doré en partie. La terrasse est décorée de lézards et de grenouilles en relief. Travail allemand.

Haut., 0.35 ; larg., 0.30.

223 — TROIS CUILLÈRES en argent gravé et doré, s'emboîtant les unes dans les autres. XVIIe siècle.

Long., 0.175.

224 — COUTEAU et FOURCHETTE à manches d'argent ciselé à mascarons, coquille et ornements. XVIIe siècle.

MARBRES, PORPHYRE ET GRANIT

225 — PORPHYRE ROUGE ORIENTAL. — Deux bustes d'empereurs romains dont les têtes sont en porphyre rouge oriental et les bustes en marbre de rapport, tel que : marbre brèche violette, marbre blanc, et marbre vert antique. Italie, XVIe siècle.

Haut. avec piédouche en marbre, 0.71.

226 — MARBRE BLANC. — Deux montants de cheminée

sculptés en bas-relief, sur deux de leurs faces. Les faces principales présentent des candélabres composés de palmettes, de vases superposés, de branches de fleurs, d'oiseaux, de feuillages et de rangs de perles. L'une d'elles porte un cartouche contenant les lettres ABD. Les faces latérales sont décorées de trophées d'armes, de mascarons et d'ornements. Travail Florentin, XVIe siècle.

Haut., 1.31; larg., 0.165.

227 — MARBRE BLANC. — Deux montants décorés d'une cariatide de suivant de Bacchus et d'une cariatide de nymphe, supportant chacune un chapiteau ionique. Travail italien du XVIe siècle. Ces deux pièces peuvent servir de montants à une cheminée.

Haut., 1.59; larg., 0.40; prof., 0.24.

228 — MARBRE BLANC. — Statuette. — Minerve debout portant le casque, la cuirasse et le peplum. Un serpent rampe à ses pieds. Travail du XVIe siècle, de style antique. restaurée

Haut., 1.0[r]

229 — MARBRE BLANC. — Buste d'homme, grandeur nature, portant le costume et la collerette plissée de l'époque de Henri IV.

Haut., 0.50.

230 — MARBRE BRÈCHE DE SICILE. — Vase piriforme renversé à godrons en spirale et à deux anses

prises dans la masse. Le couvercle et son bouton surélevé sont également sculptés à godrons en spirale.

Haut., 0.33; diam., 0.33.

231 — Marbre blanc. — Colonnette avec embase et chapiteau finement sculptés, XVIe siècle.

Haut., 1.32.

232 — Porphyre rouge oriental. — Beau vase ovoïde sur piédouche bas, évidé d'épaisseur et à couvercle légèrement bombé.

Haut., 0.42.

233 — Granit rose oriental. — Deux colonnes en granit rose oriental avec cannelures ornées d'asperges en bronze ciselé et doré. Elles sont garnies chacune d'un chapiteau ionique et d'une embase en bronze ciselé et doré, et elles reposent sur une plinthe en granit rose oriental.

Haut. sans le socle en bois noir, 1.91

234 — Marbre blanc. — Groupe du XVe siècle. — Saint Christophe portant l'enfant Jésus sur son épaule gauche. Sur socle de même matière évidé et découpé en ogives sur les côtés.

Haut du groupe, 0.95; haut. du socle, 0.18.

235 — Pierre de Florence. — Bas-relief rectangulaire

en hauteur, représentant la Vierge vue à mi-corps et tenant l'enfant Jésus dans ses bras. Dans le fond, quatre chérubins voltigeant. Le bas-relief est placé dans un cadre monumental de même matière, à pilastres ornés de candélabres et de fruits, et à frise supérieure composée d'un vase et de deux festons de laurier. Le cul-de-lampe, orné de deux cornes d'abondance, présente à son centre un écusson armorié dans une couronne de laurier. Les figures réservées, en pierre naturelle, sont rehaussées de dorure; le fond et l'encadrement sont peints en bleu et également rehaussés de dorure.

Travail florentin, de la fin du XVe siècle et de l'école de Donatello.

Haut, totale, 1.32; larg., 0.82.

236 — CIRE PEINTE. — Tête du roi Henri IV, grandeur nature, sur buste en terre cuite vêtu de l'armure rehaussée de peinture et de dorure; sur socle oblong à pans en bois noir garni d'appliques en argent et offrant aux angles des consoles et des pieds à rinceaux et cariatides en bronze ciselé et doré. Travail du temps.

Haut., sans le socle, 0.50; haut. totale, 0.65; larg., 0.60.

237 — CIRE PEINTE. — Buste d'homme portant l'armure de profil à droite. Il est placé dans un médaillon ovale formant boîte, en cuivre ciselé et doré, décoré de figures mythologiques et d'ornements en relief. XVIe siècle.

Haut. 0.095; larg., 0.060.

238 — CIRE PEINTE. — Bustes conjugués, de profil d'un homme et d'une femme portant l'un une armure, l'autre un costume du XVIe siècle. Dans un cadre en bois noir tourné.

Diam. du cadre, 0.12.

SCULPTURES EN BOIS ET EN IVOIRE

239 — IVOIRE. — Long manche formé d'un groupe d'animaux et d'un personnage fantastique. A la base, deux cariatides et deux mascarons. XVIIe siècle. Sur socle en bois.

Haut. sans le socle, 0.15.

240 — IVOIRE. — Médaillon rond sculpté sur ses deux faces et représentant diverses scènes tirées de la vie du Christ. Travail gréco-russe.

Diam., 0.67.

241 — IVOIRE. — Petit groupe. La Vierge assise vêtue de long et la tête couverte d'un voile présente une grappe de raisin à l'Enfant Jésus debout près d'elle et s'appuyant sur le genou gauche de sa Mère. France. XVIIe siècle.

Haut., 0.11.

242 — IVOIRE. — Deux manches de couteaux entière-

ment composés d'animaux combattant : lion, sangliers et chiens.

Long., 0.115.

243 — Os. — Deux tableaux composés chacun de six bas-reliefs représentant des figures debout ou des groupes de personnages et provenant d'un coffre vénitien du XIVe siècle. Cadres en bois noir.

Haut. du cadre, 0.16; larg., 0.25.

244 — Ivoire. — Bas-relief rectangulaire représentant saint Hubert en adoration. Dans un cadre en bois noir.

Haut., sans cadre, 0.135; larg., 0.11.

245 — Bois. — Figurine applique formant triptyque. La Vierge debout, les mains jointes. L'intérieur représente trois scènes tirées de l'Ancien et du Nouveau Testament finement sculptées et découpées à jour. XVIIe siècle.

Haut., 0.13.

246 — Bois. — Statuette. La Vénus de Médicis. Beau travail français du XVIIe siècle. Sur socle rond en bronze muni d'une patine verte.

Haut. sans socle, 0.315; haut. du socle, 0.065.

247 — Bois. — Fuseau dont la tige se compose d'un grand nombre de figures d'enfants et d'ornements

sculptés en ronde bosse et découpés à jour. Il se termine à sa partie supérieure par une figurine de bergère assise et filant. XVIIe siècle.

Long. totale, 0.88.

248 — Bois. — Très petit triptyque composé de diverses scènes finement sculptées en bas-relief, tirées de la vie du Christ et rapportées sur un fond peint en bleu clair. L'intérieur peint en rouge est rehaussé de dorure. XVIe siècle.

Haut. 0.078; larg. totale, 0.088.

249 — Bois. — Gaine couverte de petits sujets tirés de l'histoire de l'Enfant Prodigue et des figures des apôtres finement sculptés en bas-relief. Elle contient deux couteaux à manches en bois sculpté composés de sujets mythologiques et d'ornements. Travail flamand du XVIIe siècle.

Long. de la gaine, 0.20; long. des couteaux, 022.

250 — Bois. — Joli cadre rond du temps de Louis XIII en bois sculpté à cartouche soutenu par deux figures d'anges debout. Dans le haut deux génies ailés soutiennent une couronne et dans le bas une tête de chérubin est encadrée de guirlandes de fleurs sur lesquelles se posent deux petits génies. Ce cadre renferme une peinture à l'huile qui représente un portrait de femme en riche costume du XVIe siècle.

Diam. du cadre, 0.21.

251 — Bois. — Statue debout. Saint Georges portant l'armure et armé d'une lance. XVIe siècle.

Haut., 1.12.

BRONZES D'ART

252 — Deux belles Figures de génies ailés à demi agenouillés, grandeur nature et tenant chacun un écusson. Chacune d'elle repose sur un piédestal applique en bronze et bois, modèle à mascaron et console à volute. Bronzes de *Tacca*, maître florentin qui vivait dans la dernière moitié du XVIe siècle.

Haut. des figures, 0.64; haut. des supports, 1.12.

253 — Grande et belle Figure en bronze, modèle connu sous le nom de : *La Vénus de Médicis*. Travail florentin du XVIe siècle. Elle provient de la collection Pourtalès.

Haut., 1.55.

254 — Buste d'homme, grandeur nature, dont la tête barbue est en bronze et la chlamyde en marbre rougeâtre. Le piédouche également en marbre porte sur une plaque rapportée les noms de : *Annibal Carrs*. Travail italien du XVIe siècle.

Haut. totale, 0.78.

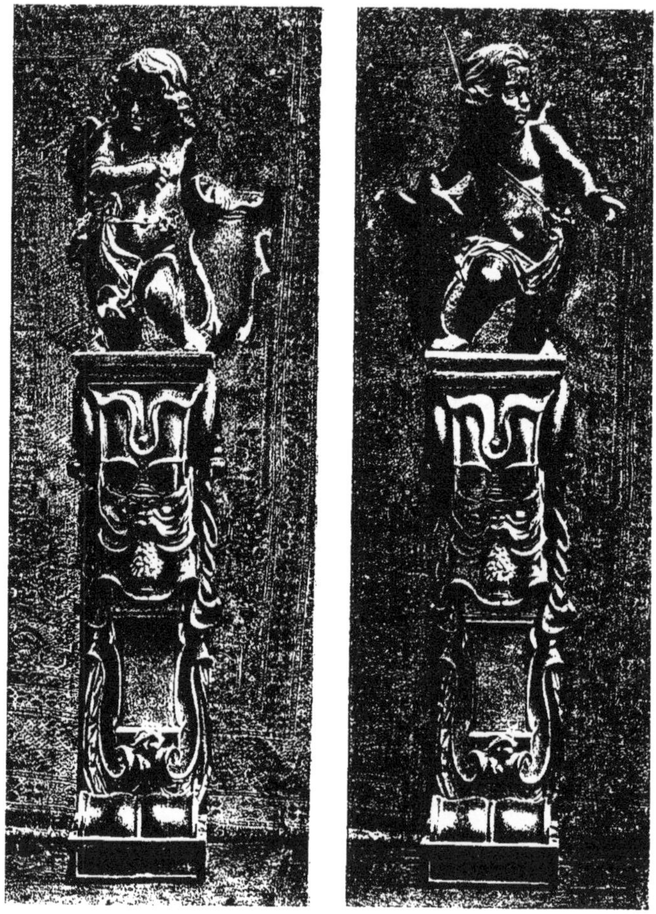

252

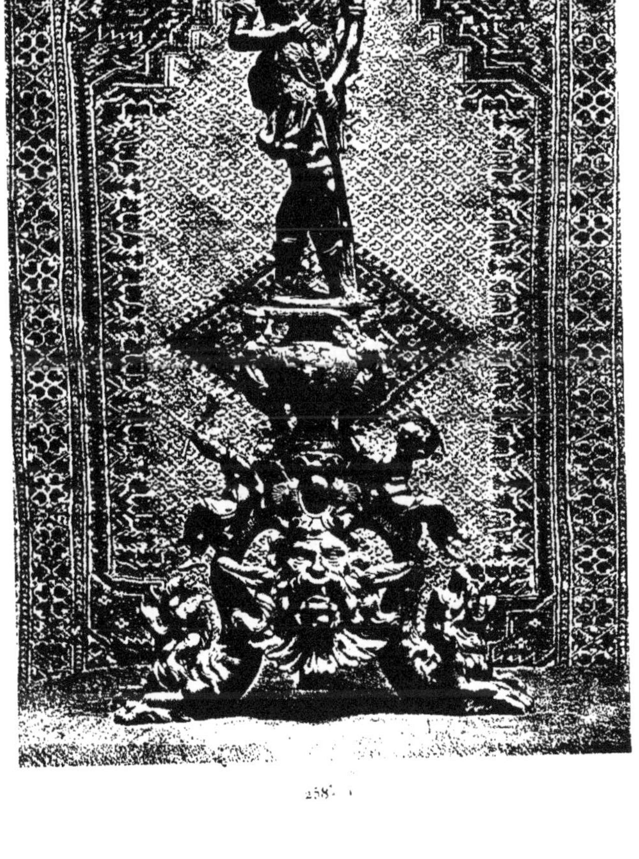

258

255 — Beau buste de Femme, grandeur nature, avec coiffure haute et riche costume à collerette plate gravée et corsage garni de fourrure. Bronze italien du xvie siècle.

Haut., 0.75 ; haut. avec le pied en marbre noir, 0.92.

256 — Buste d'Homme, grandeur nature (Senèque?) Bronze italien du xvie siècle, sur piédouche en marbre blanc.

Haut. totale, 0.54.

257 — Buste d'Homme, grandeur nature, portant toute sa barbe et le front découvert. Bronze italien du xvie siècle.

Stettiner

Haut. avec le piédouche en marbre noir, 0.63.

258 — Deux grands et beaux chenets en bronze composés chacun d'un vase sphérique supporté par trois cariatides ailées reposant sur une base formée de l'avant de deux lions couchés, d'un mascaron et de deux figures de génies en ronde bosse. Ces pièces se terminent à leur partie supérieure par deux figures debout représentant la Paix et la Guerre : la première figure par une femme tenant une torche renversée et posant le pied sur un casque, la seconde par un guerrier chargeant son arquebuse. Beau travail italien du xvie siècle.

(Bon de Hirsch ?) Vendu le 10 mars 1875 : 10,000 fr.

Haut. totale, 1.05 ; larg. 0.53.

259 — Deux grands et beaux groupes représentant, l'un Hercule étouffant Antée, et l'autre l'Enlèvement de Proserpine par Pluton. — Beaux bronzes italiens du XVIe siècle munis d'une belle patine brune.

Haut. sans les socles en marbre, 0.87.

260 — Deux flambeaux formés chacun d'une figure de femme debout tenant une corne d'abondance et reposant au centre d'une large base circulaire, décorée de cariatides ailées, de mascarons et d'ornements en relief. Bronze italien du XVIe siècle.

Haut., 0.17; diam., 0.16.

261 — Socle rectangulaire formant piédouche en bronze doré, présentant sur chacune de ses faces découpées à jour cinq cariatides de femme supportant des corbeilles, et se terminant en queue de poissons; elles entourent un médaillon rond qui représente une figurine assise sur un édicule portant les mots : *Fides et Amor*. Les angles sont ornés de feuillages et de griffes de lion. Italie. XVIe siècle.

Haut.; 0.13, diam., 0.16.

262 — Socle composé de trois cariatides de femmes grotesques et ailées, supportant un balustre orné. Bronze italien du XVIe siècle.

Haut., 0.18.

263 — Écritoire à panse sphérique supportée par

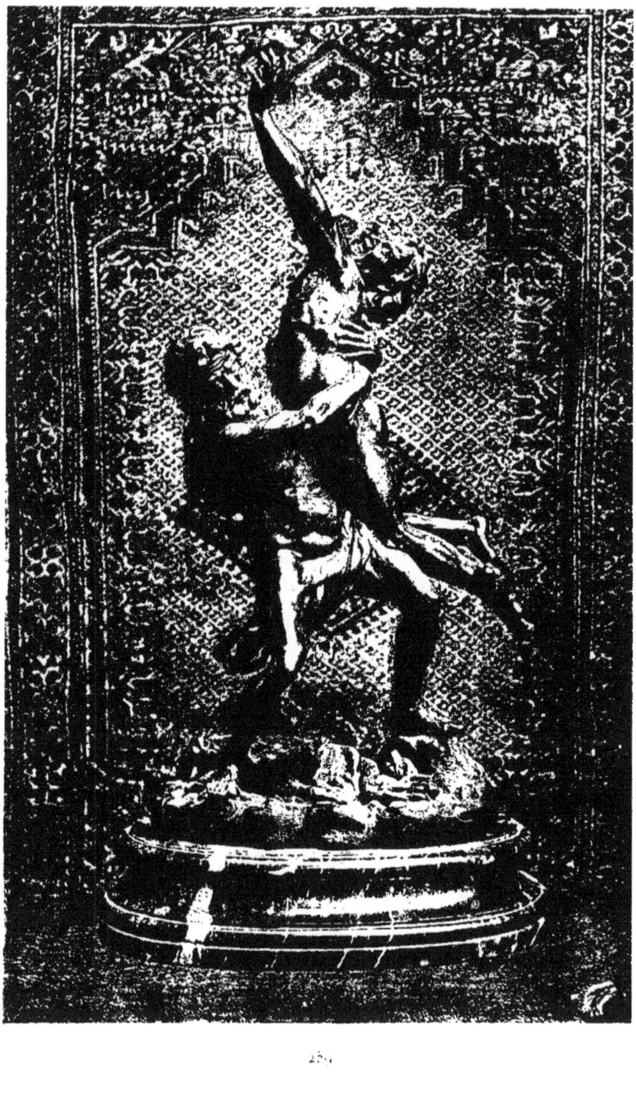

25

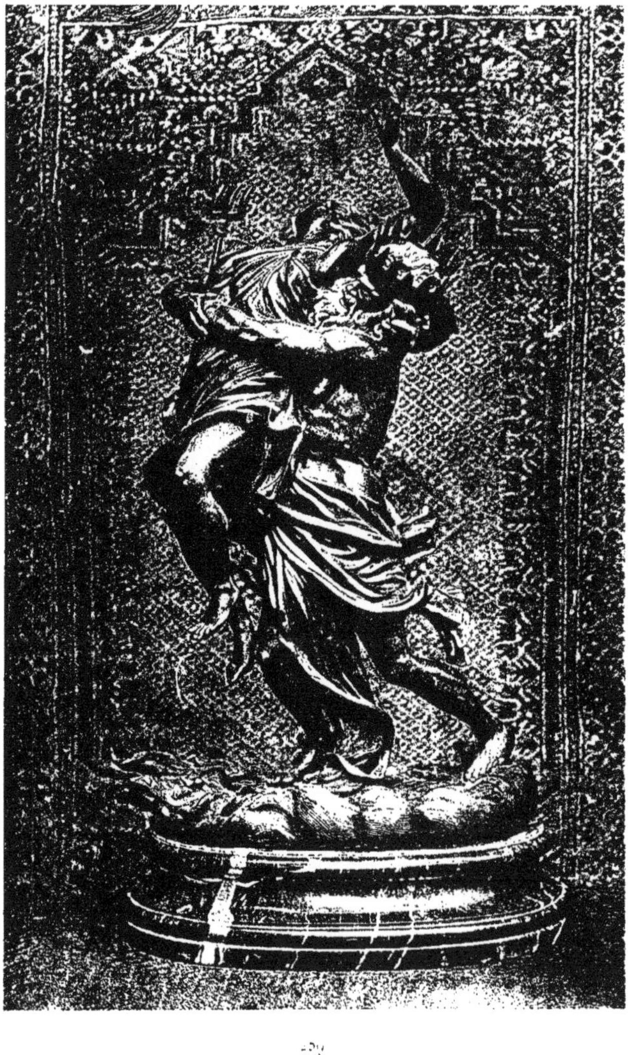

trois aigles debout reliés par des cartouches. Elle est accompagnée d'un couvercle surmonté d'une figurine de femme assise tenant une plaque rectangulaire, portant la lettre A en relief. Bronze italien du XVIe siècle.

Haut., 0.23.

264 — LAMPE de forme oblongue à feuilles en relief, montée sur une base à balustre et à trépied griffes de lion; tige centrale garnie d'un anneau orné à sa partie supérieure. Bronze italien du XVIe siècle.

Haut., 0.40.

265 — SONNETTE en bronze décorée au pourtour de sphinx ailés et d'ornements, et surmontée d'une figurine de guerrier. Bronze muni d'une patine brune.

Haut., 0.13.

266 — STATUETTE D'AMOUR, debout tenant la main droite levée et disposée pour porter. Sur un socle à moulures. Bronze italien du XVIe siècle.

Haut. totale, 0.34.

267 — GROUPE DE DEUX FIGURES. — Femme satyre assise tenant une conque de la main droite et ayant près d'elle un enfant satyre. Sur socle, de forme hexagonale. Bronze italien du XVIe siècle.

Haut., 0.21.

268 — GROUPE DE DEUX FIGURES. — Vénus debout

ayant près d'elle un enfant dans l'attitude de tirer de l'arc. Bronze italien du XVIe siècle. Socle à gorge en marbre vert de mer.

Haut. totale, 0.44.

269 — Groupe de deux figures. — Hercule étouffant Antée. Bronze italien du XVIe siècle. Sur socle à gorge en marbre vert de mer.

Haut. du bronze, 0.38 ; haut. du socle, 0.10.

270 — Statuette. — Judith debout tenant la tête d'Olopherne de la main gauche. Bronze italien du XVIe siècle. Sur socle rond en serpentin d'Égypte, avec embase en bronze ciselé et doré.

Haut. du bronze, 0.18; haut. du socle, 0.10.

271 — Statuette. — Suivant de Bacchus debout s'appuyant sur un tronc d'arbre et tenant une grappe de raisin de chaque main. Bronze italien du XVIe siècle. Sur socle rond en serpentin d'Égypte, avec embase en bronze ciselé et doré.

Haut. du bronze, 0.21 ; haut. du socle, 0.10.

272 — Statuette. — Jeune femme debout, vêtue d'une draperie et ayant un héron à ses pieds. Bronze italien du XVIe siècle. Socle en marbre.

Haut. du bronze, 0.16; haut. du socle, 0.12.

273 — Vase en forme de balustre à deux anses à

cariatides, culot à godrons, panse décorée de guirlandes de fleurs et de branches de vigne. Le piédouche à feuilles en relief porte l'inscription suivante : *Petrus Ejusque Filius Franciscus, Garadini Fusores Veronenses.*

Haut. 0.25.

274 — Groupe. — Marche de Sylène; il est monté sur un âne qui mange et il est soutenu par un faune placé près de lui. Bronze italien du XVIe siècle, d'une grande légèreté.

Haut., 0.25; larg., 0.21.

275 — Colonnette corinthienne en bronze avec base carrée, décorée de bas-reliefs, cartouches, etc. XVIe siècle.

Haut., 1.74.

276 — Petit mortier à deux anses en S. offrant au pourtour en bas-relief des cariatides de guerriers, des palmettes et des ornements. Bronze italien du XVIe siècle.

Haut., 0.11; diam., 0.15.

277 — Écritoire triangulaire ornée d'un mascaron, tête de satyre sur chacune de ses faces et de têtes de chérubins aux angles. Bronze italien du XVIe siècle.

Haut., 0.07.

278 — Écritoire triangulaire ornée de mufles de lions et garnie aux angles de consoles ornées. Le couvercle est surmonté d'une figurine debout. Bronze italien du XVIe siècle.

Haut. totale, 0.07.

279 — Cinq Médaillons ronds en bronze présentant en bas-relief et dorés, les bustes de profil de membres de la famille royale de France sous Henri II.

Diam., 0.17 et 0.19.

280 — Sirène ailée. Bronze italien du XVIe siècle.

Haut., 0.60; larg., 0.31.

281 — Dragon ailé debout. Cuivre battu de travail italien et du XVIe siècle.

Haut., 0.25.

282 — Mortier à deux anses, à montants ornés, décoré de fleurs de lys en relief et de la figure de saint Georges terrassant le dragon. Travail français du XVIe siècle.

Haut., 0.09; diam., 0.13.

283 — Deux petits chevaux se cabrant et se faisant pendant. Bronzes de la fin du XVIe siècle sur socle en marbre vert de mer.

Haut., 0.18; larg., 0.22.

MEUBLES

284 — Grand et magnifique cabinet fermant à deux portes, en bois d'ébène sculpté à médaillons sujets mythologiques encadrés de génies et de rinceaux, placés dans un cartouche à mascarons. Les angles des portes sont occupés par des figures mythologiques et la frise supérieure à tiroirs est décorée de jeux de tritons, de naïades et d'amours.

Les tiroirs et les portes du tabernacle intérieur sont decorés de bas-reliefs également en ébène qui représentent des sujets mythologiques et des jeux de divinités marines.

La table à douze colonnes torses et dont six d'entre elles sont décorées de fleurs gravées et de figures d'amours sculptés en bas-relief et se jouant dans des rinceaux, présente à sa partie supérieure un rang de tiroirs dont la face sculptée en bas-relief est ornée de rinceaux et de figures de génies debout tenant des cartouches et reliés par des draperies.

Beau travail du temps de Louis XIII.

Haut. totale, 2.18; larg., 2.05.

285 — Cassone ou coffre de mariage en marqueterie de bois décoré sur trois de ses côtés et sur le couvercle de jeux d'amours, de cartouches, de cariatides et d'ornements. Ses angles sont formés de cariatides en bois sculpté. Italie. xvie siècle.

Haut., 0.65 ; larg., 0.77.

www.ingramcontent.com/pod-product-compliance
Ingram Content Group UK Ltd.
Pitfield, Milton Keynes, MK11 3LW, UK
UKHW031930260826
14628UKWH00004B/1521

9 782329 493831